# RÉVÉREND

# J.-L. SIMOND

ARCHIPRÊTRE-CURÉ DE RUMILLY

1819 — 1876

*·•=DE=•·*

## ESQUISSE HISTORIQUE

*·•=DE=•·*

*Se vend au profit de N.-D. de l'Aumône*

## 30 CENTIMES

Chez tous les Libraires

# RÉVÉREND

# J.-L. SIMOND

ARCHIPRÊTRE-CURÉ DE RUMILLY

Chanoine de la Basilique Métropolitaine de Chambéry

Chevalier de la Légion d'honneur

NÉ A SAMOËNS LE 20 OCTOBRE 1789

**Mort à Rumilly le 26 Mai 1876**



## ANNECY

ANCIENNE IMPRIMERIE CH. BURDET

J. NIÉRAT & Cᵒ, SUCCESSEURS

1876

Ce travail est un simple essai. Son but est de commencer la publication des notes qui serviront plus tard à une notice proprement dite.

La figure de M. le curé de Rumilly doit être peinte et transmise à la postérité. Nous voulons préparer les couleurs.

Pour être modeste, notre tâche est assez belle : nous prions les amis de la vérité de nous aider à la bien accomplir. S'ils consentent à corriger nos erreurs et a compléter nos données, ils trouveront en nous la soumission du disciple et la reconnaisance du chercheur.

Ces premiers et rapides efforts sont offerts à la Ville et Paroisse de Rumilly, en témoignage d'admiration pour les honneurs sans pareils qu'elle a rendus à son Curé défunt. Malgré notre petitesse, nous lui demandons l'honneur de daigner accepter cette humble dédicace.

Rumilly, vendredi, 9 juin 1876.

L. B.

# Monsieur le Curé de Rumilly.

J'ai travaillé pour vous ;
Priez pour moi !

(Épitaphe composée par M. le Curé
de Rumilly pour son tombeau.)

## I

### PRÉPARATION.

M. Jean-Louis Simond naquit à Samoëns, le 27 octobre 1789, d'une famille chrétienne et aisée. Il fit ses premières études dans sa paroisse, qui possédait une collégiale, sous la direction de M. Rouge, laïque intelligent et pieux dont le diocèse d'Annecy ne perdra jamais la mémoire.

Son tempérament le destinait à la lutte : « Que veux-tu être ? lui dit un jour sa mère. — Prêtre ou soldat. » Dieu le choisit et l'incorpora dans la

milice de l'Eglise. Aussi bien fallait-il
des ouvriers pour relever les ruines
amoncelées par la Grande Armée.

Il étudia la philosophie à Annecy et
la théologie à Chambéry. Le grand-
séminaire avait alors, pour supérieur,
le vénérable M. Benoit Guillet. Le
caractère de cet homme éminent grava
de profondes empreintes dans l'âme
ardente du jeune théologien. Il emporta
de son école des maximes et des règles
d'ascétisme qui l'animèrent et le diri-
gèrent jusqu'au dernier jour.

A vingt et un ans, il avait achevé
son cours. Les supérieurs le nommè-
rent professeur de rhétorique à Mélan ;
et, comme il s'excusait de ne pouvoir
dignement remplir cette chaire : « Allez,
lui répondit-on, la première année
vous serez le premier de vos élèves ;
la seconde année, vous en serez le
maître. » Il partit ; mais la maladie
l'obligea de rentrer à Samoëns, où il
demeura deux ans, professant les
belles-lettres dans le petit collége qui
l'avait fait ce qu'il était.

Le 1er août 1812, il fût ordonné prêtre
par Mgr De Solle, évêque de Chambéry
et de Genève ; et envoyé, comme vicaire, successivement à La Motte-

Servolex et à Yenne. Quelques mois après, il passait à Genève. M. Vuarin en était curé depuis 1806. Ces deux âmes étaient faites pour se comprendre. L'abbé Simond devint le coadjuteur préféré, le secrétaire particulier et l'ami de M. Vuarin. Il avait rencontré son idéal ; et profita des quatre années qu'il fut près de lui, pour achever d'acquérir les vertus qui constituent les hommes remarquables.

De son côté, M. le curé de Genève resta profondément attaché à son vicaire. Il le visita dans ses postes, le rappela plusieurs fois pour prêcher à Saint-Germain, notamment lors du jubilé de 1826, l'encouragea toujours et contribua souvent au succès de ses entreprises.

Le 6 mai 1816, M. Simond fut nommé au rectorat de Bonne-sur-Menoge. Il eut à peine le temps de s'y fixer. Néanmoins, son passage laissa des traces que l'on retrouve encore aujourd'hui. Les vieillards de cette paroisse se raniment au nom de leur ancien curé, et se plaisent à raconter tout le bien que son zèle sut accomplir, en deux ans, pour l'église et la commune, l'instruction des enfants et la prospérité des familles.

Dieu, qui lui avait donné des maîtres comme MM. Rouge, Benoît Guillet, Vuarin, le réservait pour un ministère plus large et plus fécond. La paroisse de Rumilly, l'une des plus importantes du diocèse, tant par l'ancienneté de sa fondation que par le nombre de ses établissements religieux ; le caractère chevaleresque de sa population ; et le rang de la ville dans l'ordre de l'administration civile, allait perdre son curé, M. Jean-Pierre Besson, qui venait d'offrir sa démission. Le 29 septembre 1819, la proposition était acceptée, et, le surlendemain, 1er octobre 1819, l'autorité épiscopale appelait au poste vacant le zélé recteur de Bonne.

## II

### MINISTÈRE DE RUMILLY.

M. Simond entrait dans sa 31e année. Il arriva à Rumilly le 28 octobre, fête des saints apôtres Simond et Jude, prit possession de la cure le 27 décembre suivant, fête de saint Jean l'évangéliste et la garda magistralement plus d'un demi-siècle, jusqu'au 26 mai 1876, fête de saint Philippe de Néri, jour de son départ pour l'éternité.

La Providence l'avait envoyé, comme M. Vuarin à Genève, pour tout restaurer dans le Christ Jésus. Belle, mais laborieuse mission ! Avec la grâce divine, il réussit à n'y être pas trop inférieur.

Il convient de mentionner ici que la nature avait été magnifique envers lui. Santé robuste, presque incapable de lassitude ; taille élevée, port majestueux ; mémoire prodigieusement étendue et tenace ; intelligence pénétrante ; volonté de fer ; esprit habile, et sachant, selon les circonstances, se montrer, tantôt impassible, souple, temporisateur ; tantôt impétueux, roide, entraînant et culbutant les obstacles. Voilà comment elle l'avait doué. L'éducation, l'expérience et la vertu avaient encore singulièrement développé ces puissantes facultés. Aussi est-il facile de comprendre la vigoureuse impulsion que les œuvres paroissiales reçurent de son activité.

A peine installé, il considéra l'état matériel et moral de la paroisse, vit ce qu'il y avait à fairé, et se mit de suite au travail. Son ardeur eut bientôt embrasé la population entière. On sentit, d'une manière plus vive, le besoin pressant d'avoir des instituteurs congréganistes pour les enfants, de développer le programme des études primaires et secondaires ; d'enrichir les œuvres de charité ; de rebâtir l'église ; de restaurer le sanctuaire de Notre-Dame de l'Aumône ; de mettre la ville en communication, par des routes ouvertes, avec les vallées voisines; de défendre son antique influence contre de funestes desseins : en un mot, de transformer Rumilly, la cité du patriotisme et de la religion, et d'en faire, comme autrefois, un centre glorieux de commerce, de lumière et d'honneur.

Pendant que les autorités de droit discutaient ces divers plans, l'abbé Simond rassemblait les archives dispersées ; recouvrait maints documents précieux ; recueillait les souvenirs et composait d'intéressantes notices inédites sur les familles et les prêtres de Rumilly qui s'étaient distingués pendant la Révolution ; achevait de constituer authentiquement les registres des mariages, naissances et décès ; étudiait les coutumes légitimes de la paroisse et rédigeait, pour les offices des dimanches et fêtes, un cérémonial plein de grandeur.

En outre, il établissait les confréries, les prières solennelles du soir, les entretiens religieux, la fréquentation des sacrements, communiquait une merveilleuse émulation à ses vicaires par l'exemple d'une vie irréprochable, et préludait ainsi au succès des entreprises qu'il avait conçues.

Le prestige du nouveau curé grandissait chaque jour. Survint un événement qui le décupla.

## III

### ŒUVRES CAPITALES.

#### Le Collége.

Depuis 1650, Rumilly possédait un collège. En 1816, le gouvernement l'avait déclaré Royal et s'était engagé pour le traitement des professeurs de rhétorique, humanités et troisième. Soudain, éclate la révolution de 1821. La ville est desservie auprès du roi, et le collége supprimé par lettres-patentes du 23 juillet 1822. Le Conseil de ville voulut faire face à la mauvaise fortune. Le 24 novembre 1822, il prit une délibération pour conserver les deux écoles communales et les trois écoles élémentaires de latinité jusqu'à la quatrième inclusivement. L'essai ne fut pas heureux. L'avenir intellectuel et littéraire du pays était compromis, quand il fut rétabli par M. Simond. Le 19 octobre 1823, M. le Curé passe des conventions avec le Conseil ; et, moyennant la ridicule somme de 2,240 liv., il s'engage à tenir, à ses risques et périls, les écoles communales, le pensionnat et les classes de latinité.

Ce coup de hardiesse pouvait être fatal ; il devint un bel exploit. Le nouveau directeur choisit ses professeurs ; leur sert la table, le toit et un traitement ; convoque les élèves ; obtient cette même année 1823, grâce à la bienveillance de M. de Montbel, président au Sénat de Savoie, la faculté d'enseigner la troisième ; relève la réputation des études ; enlève, l'année suivante, 1824, la faveur d'enseigner les humanités ; et, forçant les derniers obstacles, finit par emporter, en 1825, la chaire de rhétorique. Le collège de Rumilly était sauvé !

Dès ce jour, M. Simond peut se lancer dans la carrière. Malgré les oppositions injustes ou même légitimes qu'il aura à subir, le succès l'accompagnera partout. Sans doute, il faudra, parfois, le chèrement payer. Mais l'avantage finira par lui rester sur toutes les questions capitales.

Il entreprend de conduire, et même de front, trois œuvres majeures : les Ecoles, l'Hôpital et l'Eglise. Voyons rapidement comment il eut le bonheur d'aboutir ; et, puisque nous écrivons des notes, élaguons les mots inutiles, produisons des faits, des dates et des chiffres. Nous préférons suivre l'ordre des idées plutôt que l'ordre chronologique. Avant d'entrer plus avant, nous tenons à affirmer que, dans le récit de ces fondations religieuses, nous n'entendons point séparer la paroisse de M. le curé, comme s'il avait eu lui seul tout le mérite. Loin de nous cette pensée ! Nous connaissons, par expérience, la générosité rumillienne, et nous savons que, en pratique, elle lutte de bon vouloir avec les prêtres qui lui sont dévoués.

———

### L'École des Filles.

L'écolé des filles fut la première à être solidement constituée. En vertu de lettres patentes du 6 juin 1820 ; et de l'approbation épiscopale, en date du 15 août 1820, qui chargeaient les Sœurs de Saint-Joseph de Chambéry, de l'instruction des filles à Rumilly, les Ecoles s'ouvrirent, en janvier 1821, dans un local d'emprunt. Quelques mois plus tard, elles étaient propriétaires. Par acte du 28 juillet 1821, Armand, notᵉ, M. le Curé acheta de dame Rose Pàris, moyennant 6,000 livres, la maison que celle-ci possédait dans le clos de l'ancienne Visitation ; et, par un acte subséquent, même notaire, il déclara qu'il avait acquis cet immeuble au nom du Conseil de ville, pour le logement des Sœurs, et pour la tenue, par elles, des écoles des filles. L'affaire paraissait terminée, quand elle fut sur le point d'être remise en doute par la concurrence de M. le barron de Mollaud. Cet accident coûta à M. le curé 1,400 l. sèches et un loyer de trois ans en faveur de la venderesse, plus beaucoup de fatigues et de négociations pénibles.

Enfin, le 15 janvier 1822, les Sœurs sont installées dans leur nouveau local par M. le chanoine Alexis Billiet, alors vicaire-général du diocèse. Peu à peu les dépendances sont élargies, les classes augmentées et transportées dans des pièces plus vastes, plus saines et plus aérées. L'impulsion était donnée. Rien ne put la comprimer. Les Sœurs de Chambéry se retirent volontairement en 1830 : elles sont remplacées, l'année suivante, 26 août 1831, par des religieuses de Lyon. Quand celles-ci sont rappelées, en 1853, celles de Chambéry reviennent occuper le poste de dévouement. Ainsi, graduellement, d'années en années, de péripéties en péripéties, on arriva à posséder, pour l'instruction des filles, un pensionnat, une école libre, les écoles communales, l'école normale (13 août 1861). Vingt-quatre religieuses de la maison de Saint-Joseph de Chambéry tiennent ces différentes classes. Chacun admire leurs établissements qui servent les familles, embellissent et enrichissent la ville. Sait-on bien exactement les sueurs et les fortes sommes d'argent que M. le Curé, pour sa part, a versées pendant plus de cinquante ans sur cette œuvre,

afin de l'amener au point de prospérité
où nous la voyons aujourd'hui ?

### L'École des Garçons.

L'école des garçons demanda plus
de temps pour être définitivement assise
et confiée aux Frères.

La délibération du 9 novembre 1823
prise par le Conseil de ville, les lettres-
patentes du 6 août 1828 n'amenèrent
aucun résultat positif. Il faut aller jusqu'au 30 juillet 1833 pour trouver des
bases pratiques. M. le Curé, qui tenait
essentiellement au succès de l'œuvre,
et qui comptait toujours beaucoup plus
sur la Providence que sur lui-même,
passe avec la ville les singulières conventions suivantes. La ville s'engage à
lui fournir, comme local des écoles, le
second étage des casernes, bâtiment
alors inoccupé, plus une allocation de
1,200 l. M. le Curé promet de se pro-
curer trois Frères, de leur donner un
logement, d'assurer à chacun d'eux un
traitement de 500 l. et de pourvoir aux
frais de premier établissement. Cette
dernière dépense devait atteindre un
chiffre de 5,000 l. La partie était iné-

gale et difficile, avouons-le. N'importe.
Elle est bravement engagée. Le pasteur
jette un appel à sa paroisse. Elle y ré-
pond avec enthousiasme.

Le 1<sup>er</sup> octobre 1833, les trois Frères
promis sont là et prennent possession.
Le 1<sup>er</sup> novembre, on annonce l'ouver-
ture des classes pour le 9 suivant;
quand, tout à coup, le 4, la ville reçoit
avis officiel d'avoir à préparer les casernes pour recevoir un escadron de ca-
valerie qui arrive le 15 et séjourne
à Rumilly dix-huit mois. M. le Curé
se laisse-t-il renverser par cet obsta-
cle imprévu? Point du tout. L'amour
des petits enfants le rend supérieur à la
difficulté. Il parlemente avec les autorités, se réserve obstinément un espace
plus étroit à l'étage suprème des casernes; improvise des classes avec de sim-
ples cloisons en planches, et le cours
est ouvert à l'heure et au jour dits.

L'année suivante, il court à Turin et
obtient, le 20 octobre 1834, sur l'éco-
nomat général, un subside annuel de
500 francs pendant quinze ans.

Puis, successivement, il achète, le
4 septembre 1837, la maison Gantin et
ses dépendances, 13,503 fr., La Ravoire,
not<sup>e</sup>.

Le 6 juillet 1842, un autre bâtiment à l'est, 1,327 fr. 95 c.

Désormais, les Frères et les écoles communales ont un local indépendant. Ils le doivent en bonne partie à M. le Curé qui, non content d'avoir prodigué son dévouement, poùsse la générosité jusqu'à tirer un trait de plume sur ce que la ville s'offrait à lui payer pour ses déboursés, d'après les conventions de 1833, c'est-à-dire une somme de 3,756 francs 85 centimes!

### L'Hôpital et l'Eglise.

Ces deux œuvres, sœurs des précédentes, étaient sûres de rencontrer dans M. Simond un admirable protecteur.

L'Hôpital, dont l'existence est déjà mentionnée au XVII<sup>e</sup> siècle, avait souffert, comme toutes les institutions, des troubles politiques et sociaux de 1792. Les prétendus amis du peuple avaient dépouillé les pauvres et jeté les malades à la rue. Depuis 1820, il est vrai, grâce à la sage administration des Conseils de charité, le trésor de l'indigence commençait à se reformer. Des familles opulentes faisaient des donations nouvelles. Aucune d'elles, que nous sachions, n'apporta plus que M. Simond.

Il avait à Mûres, près d'Alby, une parente célibataire nommée Jeanne Simond et qui se mourait sans proches héritiers. Quand elle voulut rédiger son testament, elle consulta le Curé de Rumilly, et lui avoua confidentiellement qu'elle avait arrêté de lui laisser toute sa fortune. Celui-ci pouvait accepter l'offre, d'autant plus qu'elle était séduisante, et que nulle loi ni divine ni humaine ne s'y opposait. Or, il refusa en faveur de sa paroisse ; et, le 14 avril 1834, D<sup>lle</sup> Jeanne Simond, par testament déposé chez le notaire Tissot, à Annecy, créa, pour ses héritiers, les *pauvres vieillards, malades ou honteux* de Rumilly. Le 18 mai 1839, elle mourait, abandonnant une hoirie de 80,000 livres au profit des malheureux de Rumilly. Quant au Curé, son cœur de père était largement compensé par l'ineffable satisfaction qu'il éprouvait à penser que, désormais, il était sûr de pouvoir, même après sa mort, soulager les *pauvres vieillards malades ou honteux* de sa chère paroisse.

L'Eglise n'avait pas moins besoin de son infatigable activité. Il y songea dès le premier jour de son arrivée. Si le respect dû à l'antiquité, aux souvenirs historiques et aux vestiges des saints rendaient inviolables tous les édifices religieux, il est certain que la vieille Eglise de Rumilly n'aurait jamais été touchée par le marteau démolisseur.

Elle remontait au X<sup>e</sup> siècle, avait assisté à tous les actes belliqueux et pieux de Rumilly, l'espace de 800 ans, et gardait encore comme le parfum du passage de sainte Colette, de saint François de Sales, de Dom Juste Guérin et d'autres vénérables personnages. Mais le culte des monuments ne doit pas être poussé jusqu'à l'idolâtrie, surtout quand l'homme ne trouve à les conserver aucune utilité pratique et sérieuse. Or, la vieille église de Rumilly était insuffisante pour la population, sans unité de style et, de plus, gravement caduque.

Ces trois raisons étaient plus qu'il ne fallait pour décider une immolation. Par malheur, lorsqu'il s'agit de dépenses aussi importantes que celles de la reconstruction d'une église de paroisse urbaine, tout le monde ne s'accorde pas, et la pénurie des finances fait énoncer toutes sortes de propositions injurieuses au vrai, au bien et au beau. « *Et capoè*, essayons : la gloire de

Dieu y est engagée, » dit M. le Curé. Et il se mit en marche. Ce qu'il eut à essuyer de luttes peut se concevoir, à peine se comprendre. Il commença la première démarche officielle le 23 juin 1822 et ne bénit la nouvelle église que dix-huit ans plus tard, le 2 octobre 1840. Aucune difficulté ne l'arrêta : il les éprouva toutes. Elles pleuvaient dru sur sa tête vaillante, et dans tous les sens : il ne se rendit jamais. Le récit en formerait un long chapitre. Il est impossible de l'écrire ici. Notons néanmoins que M. Simond fut obligé d'aller jusqu'à Turin, où il réussit à obtenir du ministre et l'approbation de ses idées et un crédit de 16,000 l. qui se transforma plus tard en allocation. Ajoutons que l'église fut consacrée le 23 avril 1843. C'était le jour du triomphe. D'aucuns le regrettent, et préféreraient, dans l'intérêt de la belle architecture, que la défaite eût couronné tant d'efforts. A toutes les observations, peut-être très fondées, qu'ils pourraient nous apporter, nous leur opposerons invariablement et respectueusement cette seule réponse : L'architecte choisi pour bâtir l'église de Rumilly venait de recevoir du roi la mission délicate de restaurer l'abbaye d'Hautecombe : c'était M. Melano,

### Notre-Dame de l'Aumône.

Enfin, après les enfants et les pauvres, Dieu venait de recevoir de son loyal serviteur un logement grandiose. C'était beaucoup déjà que tant d'œuvres pour un seul homme. D'autres auraient ambitionné le repos. Qui l'aurait jugé mauvais ? M. Simond ne savait y penser. Il restait à promouvoir une œuvre douce, consolante, poétique, la restauration du sanctuaire de Notre-Dame de l'Aumône. Elle le fut. Ça été et ce sera la courônne impérissable d'une si grande vie.

L'idée lui vint quasi par commission d'en haut. Quand, à l'âge de trente ans, il venait pour occuper son nouveau poste, il s'arrèta à Frangy et visita M. le Curé : *Je vous félicite*, lui dit avec la chaude simplicité d'un confesseur de la foi, M. Pâris : *vous allez dans une brave paroisse ; à Rumilly, il y a la dévotion à la sainte Vierge.*

Donc, pour maintenir au milieu d'une population la virginité des croyances et des mœurs, il est nécessaire de conserver et de développer le culte de Marie

Immaculée. M. Simond saisit clairement ce principe ; et voilà pourquoi, dès les premiers jours de son installation jusqu'à la dernière semaine de sa vie, le voyons-nous se diriger, avec la foule de ses paroissiens, vers le sanctuaire béni qui se cache dans les blés et les bosquets du Chéran, et abrite sous son toit la Dame tant aimée de l'Aumône.

Elle était bien pauvrette alors, la Dispensatrice des trésors célestes. On arrivait à sa maison par un petit chemin longeant les berges de la rivière. L'avenue de platanes n'existait pas. L'étroit sentier bordé d'épines, qui conduisait les pèlerins à la Chapelle, festonnait les bases de la muraille méridionale et s'en allait dans la direction de l'est-sud. Le tilleul était planté : sa vigoureuse constitution promettait à l'avenir un feuillage majestueux. Un porche, profond comme un couloir, s'ouvrant au couchant par une galerie de quatre colonnes calcaires, ouvrage de M. J.-P. Besson, servait de vestibule.

Le sanctuaire proprement dit ne comprenait que la partie qui s'étend aujourd'hui du grand-arc au chevet. La façade en était pleine et sans ornementation. Une porte ogivale, grossièrement exécutée et à un seul vantail, donnait accès dans l'intérieur.

L'autel, à colonnes torses, était appliqué contre le mur extrême oriental. Il était éclairé par une petite fenêtre pratiquée dans la muraille du midi. Les ornements et les vases du sacrifice se renfermaient dans l'armoire qui existe encore du côté de l'Évangile. Quant aux peintures, il n'y en avait point. Les murailles et la voûte étaient simplement crépies à la chaux. Le pavé était formé de grands carreaux de grès du pays, vulgairement appelé *mollasse*. Ces dalles étaient usées et disjointes.

Immédiatement M. Simond se résolut à des réparations. Il fit d'abord abattre la maçonnerie qui remplissait la façade de la chapelle, revêtit les poutres du porche d'un plafond très-propre, et ne laissant au péristyle qu'une profondeur d'un mètre environ, il dressa une nouvelle façade avec porte et fenêtres rectangulaires. De cette façon, le sanctuaire se trouvait réellement agrandi d'une travée ayant trois mètres de longueur. C'était en 1823.

En 1845, il participe aux dépenses que la ville supporte à la fin d'établir la grande avenue ; et la fait planter d'arbres.

La même année il achète, au couchant et au midi de la Chapelle, une surface suffisante de terrain pour déplacer le chemin qui touchait aux murailles et le porter au-delà jusqu'à la place qu'il occupe aujourd'hui.

En 1855, il pose l'autel en marbre blanc que possédait le petit-séminaire et qu'il vendit lors de sa translation dans le clos de la Visitation.

Ce n'était qu'un prélude à des travaux plus sérieux. La Providence les avait ménagés.

Le 6 août 1857 mourait à Rumilly R<sup>d</sup> J.-A. Gouvernon, prêtre en retraite, léguant à M. le Curé de la paroisse 14,000 francs pour la reconstruction de la Chapelle de Notre-Dame de l'Aumône. Les autorités ayant autorisé le Curé à accepter le legs, un plan est aussitôt tracé par M. Fivel, et dans l'année 1858, M. Simond part, accompagné de son neveu, M. le Curé de Cramves, et va quêter pour sa *Dame de l'Aumône*.

En mai 1859, la première pierre du nouveau sanctuaire est solennellement bénite ; et, dans l'année 1863, chacun put admirer avec orgueil et bonheur l'édifice religieux dont M. Simond venait de doter la paroisse à Notre-Dame de l'Aumône. Il y avait dépensé 64,474 francs 30 centimes.

Son zèle ne consentit pas encore à se ralentir. Il voulut donner à l'ancien sanctuaire un gracieux campanile et une cloche argentine. Son dessein s'accomplit en 1873.

Enfin, à l'âge de 87 ans, il a la sainte audace d'organiser une loterie de 4,500 billets ; la chance de la faire tirer, et la satisfaction d'en employer le produit à l'établissement d'une voûte à nervures élégantes, au-dessus de la partie antérieure de la vieille chapelle. Ce fut son dernier effort. Il porte la date extrême du 30 avril 1876.

Si nous voulions maintenant prouver comment et combien N.-D. de l'Aumône s'est montrée reconnaissante envers *son Curé,* la chose nous serait aisée. Sans remonter très-haut, nous n'aurions qu'à rappeler les distinctions qu'il reçut des autorités ecclésiastique et civile : Le 7 octobre 1861, Son Eminence le cardinal Billiet le nommait chanoine honoraire de la métropole de Chambéry ; le 13 août 1862, un décrét impérial lui décernait le titre très-mérité de chevalier de la Légion d'honneur.

Nous pourrions mentionner aussi les

fêtes mémorables de la Consécration de la chapelle de Notre-Dame de l'Aumône ; de la Translation des Reliques de Dom Juste Guérin ; de « l'immortel pèlerinage du 28 mai 1873 ; » l'élan de sa paroisse vers toutes les manifestations de la foi catholique ; le bonheur d'avoir pu gagner trois fois, durant sa vie sacerdotale, l'indulgence solennelle du Jubilé de 25 ans, et, par dessus tout, cette merveilleuse verdeur de vieillesse qui lui permit de prendre part, comme les jeunes prêtres, à l'imposante procession du 1$^{er}$ dimanche de mai à N.-D. de l'Aumône. Mais tout cela est de la terre, et par suite éphémère. Nous avons hâte d'arriver à la récompense que Dieu s'était réservé d'accorder à celui qui, pendant soixante-quatre ans de ministère des âmes, l'avait servi avec tant d'amour et tant de succès. Nous voulons dire la mort d'un prédestiné (*).

––––––

(*) Nous extrayons une partie du récit qui va suivre de l'article nécrologique, très-exact, paru dans l'*Union savoisienne*, et dû à la plume du R. P. Tissot.

## IV

### MORT.

Dès son entrée dans le sacerdoce, M. Simond avait demandé au ciel la faveur de mourir dans l'exercice du saint ministère, les armes à la main. Il fut exaucé. Le 24 mai, à l'autel, il fut pris d'une défaillance. Il n'acheva qu'à grand'peine l'auguste sacrifice et rentra chez lui gravement et visiblement saisi : « C'est peut-être ma dernière messe ! » observa-t-il, avec tristesse, au vicaire qui lui prêtait l'appui de son bras.

Il commença aussitôt à penser à sa mort et à en parler. Il ne la croyait pourtant pas imminente ; mais, comme il avait recommandé aux prêtres de son entourage de l'avertir sans ménagements quand il serait sérieusement malade, un de ses vicaires lui dit que ce moment était venu. Il se recueillit et pria.

Le mardi, 23, au matin, il reçut les derniers Sacrements des mains de M. le Supérieur du collége, avec la foi simple, robuste et confiante qui l'avait toujours distingué. En face de la sainte Hostie, il récita le symbole de Nicée, à haute

voix, il demanda pardon à ses paroissiens des déplaisirs qu'il avait pu invo-
lontairement leur causer, en affirmant
qu'il n'y avait pas contre aucun d'entre
eux le moindre fiel dans son cœur.

La ville était informée de l'état alar-
mant de son Curé et les visites affluaient
au presbytère. Malgré sa faiblesse toujours croissante, le malade tenait à les
recevoir. A tous il exprimait son
bonheur d'avoir communié et sa recon-
naissance envers son confesseur et les
prêtres qui ne lui avaient point dissi-
mulé la gravité de sa situation.

Le jeudi, fête de l'Ascension, il voulut recevoir une seconde fois Notre-Sei-
gneur. Il avait prié une religieuse de
lui obtenir la grâce de mourir ce jour-
là, et il y comptait. — Docteur, dit-il
au médecin, vous venez m'annoncer la
mort pour cette nuit : je suis prêt. »

Mais Dieu voulut prolonger le déclin
de cette vie pour l'édification de tous.
Une douceur inaltérable fit place à l'im-
pétuosité naturelle de son caractère et
sa charité devint de la tendresse. Un
de ses paroissiens entrant dans sa chambre : « Embrassez-moi, mon cher ami,
lui disait-il, ah ! merci de votre visite !...
Restez toujours bon chrétien, » puis il

demandait des nouvelles de toute sa famille avec un intérêt qui arrachait des pleurs.

Un homme des plus honorables des environs étant venu au moment où la faiblesse du malade était extrême, celui-ci lui prit la main et la tint longtemps serrée sans prononcer un seul mot. — Eh quoi ! lui fit-on observer, c'est M. X., et vous ne lui dites rien ? — « Les cœurs se parlent, » murmura-t-il en pressant plus fort la main du visiteur que les larmes rendaient muet lui-même.

Les délégués des associations pieuses de la ville et les élèves du petit séminaire vinrent successivement le visiter. Il eut pour tous de paternels conseils et de douces paroles.

Comme le mal se calmait, les médecins crurent un moment pouvoir donner quelques espérances au malade. Il laissa dire ; car il acceptait leurs décisions comme leurs remèdes, avec la soumission d'un enfant ; mais quand ils se furent éloignés : — On me trahit, dit-il à un de ses amis, on me trahit ! — Comment ! on vous trahit ? — Oui, on veut me rassurer et je vais mourir.

Vers le milieu du vendredi, 26, on pressentit une fin prochaine, et dès l'après-midi, ses vicaires ne crurent plus pouvoir le quitter un instant. Ils s'entretenaient de Dieu avec lui, et lui suggéraient de pieuses affections, pendant que de bons Frères des écoles chrétiennes, des religieuses et des fidèles priaient nombreux autour de son lit. Ses regards se fixaient avec amour sur les images du Cœur de Jésus et de Notre-Dame de l'Aumône qu'on tenait sous ses yeux. Il les baisait souvent, alternativement avec une croix qui lui avait été rapportée de Paray par « un de ses chers pèlerins du 16 juin. » — O ma croix du Sacré-Cœur, disait-il en la pressant sur ses lèvres !

Les progrès du mal devenaient rapides. Le médecin déclara que le malade ne passerait pas la nuit. On l'engagea alors à renouveler les promesses de son ordination, et on lui lut une lettre où S. G. Mgr lui envoyait sa bénédiction accompagnée des paroles les plus bienveillantes.

Il reçut avec émotion ce précieux souvenir de son archevêque, et, comme sous son regard, il réitéra les engagements sacerdotaux qu'il avait pris soixante-quatre ans auparavant aux pieds de Mgr de Solle.

Ses vicaires se penchèrent alors à

son oreille et lui dirent : — « Vous allez quitter la vie ; vous avez toujours été un bon prêtre, dites-nous la vertu la plus nécessaire à notre vocation. — *Discite a me quia mitis sum et humílis corde*, répondit le mourant, et il sourit, comme pour demander pardon de paraître se donner en modèle.

À sept heures et demie, on sonna l'exercice du Mois de Marie. Le curé leva la main et la laissa retomber, comme pour dire : C'est la dernière fois ! Un de ses vicaires demeura près de lui, l'exhorta à s'unir à ses paroissiens rassemblés à l'église, et récita avec lui la prière du soir en commençant par ces mots : « Comme je ne sais pas, ô mon Dieu ! ce qui m'arrivera cette nuit... » Pendant que se donnait le salut, ils dirent ensemble l'*O salutaris Hostia*. Le malade se fit répéter deux fois ces strophes sublimes, cri d'amour à Jésus et de soif de la vie éternelle. Il se fit dire l'oraison *Deus, qui nobis sub Sacramento*, puis il s'inclina sous la bénédiction du très-saint Sacrement qu'annonçait le tintement des cloches.

Au sortir de l'église, tous les prêtres de la ville se réunirent autour du véné-

rable mourant. Les fidèles environ-
naient la cure. On venait de leur dire
que leur pasteur était à sa fin : ils récla-
maient instamment la faveur de péné-
trer jusqu'à lui. Ils envahirent bientôt
l'escalier, le corridor et les abords de
sa chambre. Pendant plus d'une heure,
ils vinrent, par groupes, s'agenouiller à
ses pieds. Ils le suppliaient, en san-
glotant, de ne pas les oublier dans le
ciel et lui, d'une main défaillante, sou-
ténue par un prêtre, faisait sur eux le si-
gne de la croix. C'est en bénissant ses
enfants qu'il s'endormit dans le Seigneur, doucement, sans contraction,
sans secousse, en jetant un dernier
regard sur l'image de sa bien-aimée
*Dame de l'Aumône*. Il était neuf heures et demie.

M. Simond avait 86 ans 7 mois et
6 jours.

La corps du vénérable athlète du
Seigneur fut placé sur un lit de parade,
dans la salle principale du presbytère.
On l'avait tendue de grand deuil. Çà et
là, se détachant sur les étoffes pendan-
tes, des symboles de tristesse et des
devises funèbres. Toute la journée du
samedi, du dimanche et une partie de
la matinée du lundi, la chambre ardente

fut envahie. On venait de toutes les paroisses voisines. Chacun tenait à contempler, pour la dernière fois, la figure de cet homme dont l'existence avait rempli presque un siècle entier ; qui avait été le contemporain des chefs de la Révolution française ; qui avait assisté aux bouleversements politiques et aux restaurations éphémères des trônes ; cet homme qui, pendant cinquante-sept ans, avait conduit Rumilly d'une main si ferme, si vigoureuse, si efficace, et qui allait, néanmoins, disparaître. La mort, qui l'avait terrassé, n'avait pu lui imposer la physionomie d'un vaincu. Il était là, couché, calme, souriant un peu, mais toujours digne et majestueux. C'était encore le Curé de Rumilly !

La sépulture eut lieu lundi, 29 mai, à dix heures. Nous n'avons jamais vu pareil déploiement d'honneurs et de gravité. Personne ne manquait à la cérémonie. Sans parler des confréries, deux vicaires-généraux, une députation du chapitre de Chambéry, quatre-vingts prêtres, des capucins d'Annecy, toutes les autorités municipales, toutes les administrations, toutes les sociétés de la ville, c'est-à-dire près de 3,000 assistants, composaient le cortége. Il suivit lentement les rues du Collége, d'Hauteville, de la Filaterie, la Place de la Mairie, et rentra dans l'église par la Grand'Rue et le perron. Au cours de la messe solennelle, M. l'abbé Ducret, supérieur du petit-séminaire, prononça, dans des termes émus, l'éloge du défunt.

Le sacrifice achevé, le cortége prit le chemin du sanctuaire de Notre-Dame de l'Aumône. C'était le lieu choisi par M. le Curé pour y attendre l'heure de la résurrection générale. Il s'était fait construire un tombeau sous le péristyle de l'ancienne chapelle, et l'avait bénit en mai 1873, au lendemain de la Première Communion.

Le conseil municipal avait appuyé la demande du conseil de fabrique auprès du ministère et sollicité une exception en faveur du bienfaiteur insigne de Rumilly.

M. le chanoine Rosset, vicaire-général, après une chaleureuse allocution, récita les dernières prières, et la dépouille vénérée descendit sous la pierre du sépulcre.

Et maintenant, père et pasteur vénéré, dormez en paix aux pieds de Notre-Dame de l'Aumône. La mémoire de vos mérites est impérissable. Tout pèlerin du sanctuaire, en lisant l'épitaphe : 

> J'ai travaillé pour vous,
> Priez pour moi,

demandera à la Vierge Marie d'accorder à votre âme la gloire éternelle et à lui-même la grâce d'être, comme vous, un fidèle serviteur de l'Église et de la Patrie !

O Vierge de l'Aumône,
Prends pitié de nos jours, —
Et sois notre patronne,
Toujours, toujours, toujours !